L n 16715.

ÉLOGE BIOGRAPHIQUE

De M. Proudhon.

ÉLOGE BIOGRAPHIQUE

DE

M. PROUDHON,

Prononcé par **M. LORAIN**, doyen de la Faculté de Droit de
Dijon, le mardi II décembre 1838.

DIJON.

IMPRIMERIE DE MADAME BRUGNOT.

—

1838.

ÉLOGE BIOGRAPHIQUE

DE M. PROUDHON.

—

Messieurs,

En me confiant le difficile honneur de succéder au savant et regrettable doyen de l'École de Droit de Dijon, l'Université me donne de graves devoirs à accomplir. Je n'en sens jamais mieux tout le poids, qu'en reportant ma pensée vers une vie si pleine d'années et de travaux, plus aisée à louer qu'à imiter, dont le récit rapide et simple doit remplir cette solennité ; dernier et légitime hommage à la mémoire d'un homme dont le nom a inauguré et consacré cette École à laquelle il a comme légué sa renommée ! C'était bien ici qu'il fallait parler de M. Proudhon, et nous n'attendions qu'une occasion naturelle d'acquitter cette obligation pieuse. Mais, puisqu'il m'était réservé d'être l'organe de collègues, dont les conseils et l'amitié vont m'être chers et précieux plus que jamais, je regrette que le temps m'ait été si court pour recueillir quelques traits d'une longue et honorable carrière, et pour satisfaire l'empressement public qui attend mes paroles.

Déjà deux pertes, bien récentes encore, étaient venues resserrer nos rangs, et nous avertir tristement que l'ancienne École allait se renouveler presque entière : nous avions pleuré deux de nos collègues les plus aimés ; l'un dont l'ame généreuse, austère et délicate, les vertus chrétiennes et miséricordieuses, l'esprit orné, et les travaux remarquables sur nos lois de procédure, ont laissé d'ineffaçables souvenirs ; l'autre, d'une admirable bienveillance pour la jeunesse, d'un désintéressement antique, d'une probité inaltérable, d'un jugement à la fois fin et sûr, qui eut le double et rare mérite d'occuper à la fois l'un des premiers rangs du barreau , par les ressources de sa logique adroite et de son coup d'œil pratique , et de rendre à l'École de Droit d'éminents services par la justesse, la clarté, et l'à propos d'application de ses enseignements. M. Proudhon a trop peu tardé de rejoindre ses deux anciens amis , et de laisser à remplir au milieu de nous une place qui paraîtra vide bien long-temps encore.

La naissance de M. Proudhon, au mois de février 1758, à Chasnans , village de la Franche-Comté , à quelques lieues d'Ornans , n'est pas un fait indifférent, autant qu'on pourrait d'abord le croire, à la vie de notre éminent jurisconsulte. Ses premières années se passèrent au milieu des hautes montagnes du Jura ; il y puisa ce tempérament sain , cette santé robuste, qui ont toujours une si grande part, et sont presque nécessaires aux longs travaux des hommes. Il était d'ailleurs l'enfant d'une province qui a fourni tant de notabilités aux sciences, et dont les habitants se distinguent par une particulière aptitude aux études patientes et fortes.

Ses parents étaient simples et livrés aux travaux agricoles, mais probablement aisés : car il eut un frère qui fut médecin ; et lui-même reçut à l'Université de Besançon une éducation soignée : ce qui suppose , surtout à cette époque , des ressources pécuniaires assez étendues.

Parmi les enseignements qui composaient alors l'université Bisontine, il y avait un cours de Théologie, confié à un homme de talent, l'abbé Jacques. M. Proudhon suivit ses leçons. Était-ce une préparation à l'état ecclésiastique auquel il se destinait peut-être? Songeait-il à pénétrer dans ce savant et puissant séminaire de Besançon, où l'on ne pouvait entrer qu'après deux années d'études théologiques universitaires? Nous ne pouvons aujourd'hui l'affirmer : mais il aimait à parler souvent de ses études de théologie, et à proclamer qu'elles avaient été fort utiles à ses occupations juridiques. Il rendait le même hommage aux sciences mathématiques dans lesquelles il avait pénétré assez avant, pour qu'elles inspirassent à son esprit cette habitude de raisonnement rigoureux et de déduction logique, procédé familier des mathématiciens. Qui ne sait que Leibnitz avait un secret penchant à réduire la science du droit en formules mathématiques, et qu'il admirait surtout dans la composition des grands jurisconsultes de Rome la méthode des géomètres?

Je n'ai pas besoin d'ajouter que M. Proudhon compléta ses études de droit dans son université natale. Il fut reçu docteur en droit en 1789. Il se plaisait à montrer avec une espèce de fierté, et comme un souvenir de sa jeunesse, les nombreux cahiers d'étudiant qu'il avait écrits alors sur les Instistutes de Justinien. Il préludait ainsi laborieusement à l'emploi laborieux de son avenir.

Un concours ne tarda point à s'ouvrir à l'université de Besançon pour une chaire de professeur de droit. M. Proudhon n'hésita point à s'y présenter ; il s'y montra avec honneur ; mais soit que son âge ne lui eût point permis encore de valoir tout ce qu'il valut depuis, soit que son esprit fût plutôt propre à la méditation qu'à l'improvisation, la victoire demeura à l'un de ses condisciples et de ses compatriotes, M. Grappe, qui resta son ami et devint plus tard un des meilleurs professeurs de l'école de Paris.

La révolution française vint tout à coup interrompre cette lutte pacifique, et entraîner M. Proudhon hors de ses goûts et de sa carrière naturelle. Il se livra d'abord, comme tant d'hommes de bien, aux illusions et aux espérances de cette grande crise sociale, si féconde en malheurs publics et en gloire nationale, avec toute l'ardeur d'un jeune homme, et toute la confiance d'un homme instruit qui se sent fort et qui comprend qu'il a le droit d'ambitionner et de prendre sa place légitime dans le mouvement d'un ordre nouveau. Aussi plusieurs magistratures électives vinrent-elles honorer et récompenser ses opinions populaires. En 1790, il fut élu au conseil du département du Doubs : et bientôt après, quatre arrondissements judiciaires, Lure, Baume-les-Dames, Ornans et Pontarlier, se disputèrent l'honneur de l'élire à la fois juge de leur tribunal de district. Il opta pour Pontarlier.

Le souvenir de ses études théologiques et de sa science de juriste firent invoquer, dans ce même temps, son sentiment grave sur la constitution civile du clergé. On devine qu'il ne se montra point contraire à cette innovation plus démocratique encore que religieuse, dont les suites déplorables se mêlèrent avec tant d'énergie aux autres passions de ces temps orageux.

La tempête politique avançait à grands pas. Tandis que le magistrat de Pontarlier remplissait noblement ses fonctions de judicature, les élections plus violentes de 1792 le forcèrent de quitter cette ville, et d'essayer de se réfugier, à l'abri de la tourmente, dans les fonctions de juge de paix du canton de Nods, son pays natal. Les haines démagogiques vinrent le trouver dans sa retraite : un commissaire de la Convention le suspendit de ses fonctions. C'est que M. Proudhon avait retenu des impressions et des études de sa jeunesse un vif sentiment de la justice et de la légalité, et une opiniâtre sincérité de sentiment religieux qui ne l'abandonna jamais à aucune époque de sa carrière.

Sa volonté était ferme, il était capable de courage civil, le plus rare de tous les courages. On l'accusait de plaindre les émigrés et de sauver les prêtres : en ces tems-là, c'était un crime. Ses amis assurent qu'il rendit, à ses propres périls, plus d'un service éminent à des hommes menacés, et que plus d'une fois il offrit dans sa propre maison un asile à des prêtres déportés, à des émigrés proscrits.

Il n'en fallait pas tant pour justifier une suspension brutale. Mais tout fonctionnaire suspendu était de plein droit rangé par la législation contemporaine dans la catégorie des suspects ; de la suspension au tribunal révolutionnaire, et du tribunal révolutionnaire à l'échafaud, il n'y avait qu'un pas. M. Proudhon entreprit de se faire réhabiliter par un nouveau commissaire de la Convention. Cela donna lieu à une scène qui peint l'époque.

Il commença par se faire inviter chez un ami de Pontarlier, dans la maison duquel devait dîner le Conventionnel. On plaça à table l'ex-juge de paix de Nods à côté du représentant du peuple. M. Proudhon ne perdait pas une occasion de lui parler, et ses instances finirent par être remarquées. Je vois bien à tes façons d'agir, lui dit brusquement le Conventionnel, que tu as quelque chose à me demander. Que veux-tu ? parle. —Oui, répond sans se troubler M. Proudhon, je réclame de toi ma réintégration dans la place de juge de paix de Nods , de laquelle j'ai été injustement suspendu. — Ecoute et prends-y garde, réplique sévèrement le représentant du peuple, je ne me soucie point de défaire ce que mon prédécesseur a fait et probablement bien fait : mais si tu insistes , viens-y conseils , aujourd'hui même , à la société populaire , monte à la tribune , et demande toi-même ta réintégration. Si aucune voix ne s'élève contre toi et ne t'accuse, je consentirai à te rétablir ; sinon je t'enverrai au tribunal révolutionnaire. Choisis.

La chose était périlleuse. M. Proudhon opta pour la cérémonie de la société populaire. Il y arrive , il s'empare de la tribune , il parle , il redemande ses fonctions; toutes les voix se taisent, et déjà il descendait triomphant de la tribune, quand un ancien procureur réclame la parole contre la motion de M. Proudhon. — Citoyens , dit-il , celui qui vient de parler est un aristocrate , il favorise l'émigration : je l'ai vu , quand il était juge à Pontarlier , annuller une saisie d'argenterie, arrêtée à la douane, comme destinée à passer , hors de France , à des émigrés. — A cette dénonciation, l'assemblée se trouble et s'agite, le Conventionnel secoue la tête. M. Proudhon garde son sang-froid et reparaît à la tribune.

Il est vrai, citoyens, dit-il, que le tribunal de

Pontarlier, où je siégeais, annulla une saisie d'argenterie destinée peut-être à une famille émigrée : mais le magistrat est l'organe impassible de la loi, et je ne pouvais qu'appliquer les principes de la procédure, et annuller ce qui était légalement nul. Mais toi, continue-t-il, en se tournant vers l'ancien procureur, toi qui me dénonces et qui m'accuses, tu satisfais, en cette occasion, une basse vengeance : ne te souviens-tu donc pas que tu es un voleur, et que j'ai été plusieurs fois forcé, en ma qualité de juge, de diminuer tes états de frais de plus de moitié ? A ces mots, le procureur reste confondu, la foule le poursuit de ses huées, et M. Proudhon reprend ses fonctions.

Il ne devait point languir long-temps dans cette obscurité. Après le 9 thermidor, quand le règne des terroristes fut passé, il fut appelé au directoire du département du Doubs. En l'an 4, on l'élut au tribunal de département : il en présidait la seconde section, lorsque la chaire de législation à l'école centrale du Doubs lui fut proposée par le jury d'instruction publique. M. Proudhon accepta, heureux de retrouver ses anciennes et chères études, qui allaient à son intelligence et à ses goûts, mieux peut-être que les occupations quotidiennes de la magistrature et de la jurisprudence. C'était à la fin de 1796.

Mais, avant de le suivre exclusivement et tout entier dans ses travaux de prédilection qu'il ne devait plus changer désormais contre aucun autre, vous me saurez gré, Messieurs, de rappeler encore une des circonstances les plus honorables de la vie de M. Proudhon.

Après la réaction du 18 fructidor, les craintes et les rigueurs révolutionnaires se réveillèrent. Un tribunal militaire se mit en séance, à Besançon, comme ailleurs, pour condamner et fusiller les émigrés. Déjà plusieurs prêtres, condamnés à la déportation, étaient devenus les victimes nouvelles de la commission sanglante. Des ecclésiastiques périrent, que la mémoire des Francs-Comtois n'a pas encore oubliés. En ces déplorables circonstances, M. Proudhon éleva la voix, et ne vit pas le péril. Il écrivit, il imprima, il publia un mémoire dans lequel il prouva, avec sa force de logique accoutumée, que le tribunal militaire ne pouvait atteindre dans sa compétence que les citoyens sortis volontairement de France, mais qu'il ne s'appliquait point à de malheureux prêtres que la loi de déportation avait exilés, malgré eux, en qualité de prêtres *insermentés.*

Cette puissante protestation du savoir et du droit contre l'illégalité menaçante d'un tribunal terrible, obtint un succès bien noble et bien précieux. Depuis lors , aucun prêtre ne fut traduit devant la commission militaire de Besançon.

Je me repose enfin , avec M. Proudhon , dans ces fonctions du professorat, qu'il devait illustrer pendant de longues années, et qui lui avaient été imposées par ses inclinations autant au moins que par le choix de M. Fourcroy et par les prières unanimes des conseils-généraux des trois départements de l'ancienne Franche-Comté.

A ses leçons arrivèrent de tous côtés une foule d'élèves. Dans tout ce qui compose les rangs éminents de la magistrature ou du barreau Franc-Comtois, il est peu d'hommes qui n'aient été nourris de la doctrine de M. Proudhon. Courvoisier, qui fut ministre, a été un de ses élèves, et nous pourrions trouver à la tète de notre cour royale elle-même des hommes qui écoutèrent alors notre savant professeur.

Il y avait une telle puissance de travail dans M. Proudhon, que, malgré les soins multipliés de l'école centrale où le professeur de législation enseignait seul les différentes parties de la science, il trouvait encore le temps de se livrer à de nombreuses consultations de cabinet et à la composition de son premier livre, le *Cours de législation et de jurisprudence françaises.*

Cet ouvrage, où l'on pouvait découvrir déjà la

destinée de l'écrivain, fut comme la préparation de celui qu'il publia sous l'empire, sur le premier livre du code civil. S'il n'est guère resté dans le commerce et dans les mains des jurisconsultes, c'est qu'il se composait en grande partie de l'examen d'une législation transitoire qui n'est plus étudiée que par les curieux, et que d'ailleurs les nombreuses pages qui peuvent s'appliquer encore au droit nouveau ont été refondues avec soin par l'auteur dans son second travail. Mais la manière, la forme, le style, et toutes les qualités du *cours de législation* font pressentir le mérite du livre de *l'état des personnes*.

Même alors que l'école centrale du Doubs fut supprimée, M. Proudhon continua gratuitement son enseignement. Mais à ce moment, l'élément révolutionnaire s'était consumé par ses propres ardeurs. Les hommes que les idées nouvelles avaient le plus enivrés de succès et de pouvoir réclamaient à grands cris le repos : le pays tout entier demanda à une main unique, ferme, glorieuse, à la main d'un grand général, une organisation forte, une administration toute-puissante et centralisatrice, et, par une réaction énorme mais presque naturelle, ne songea guère à réserver ces libertés politiques pour lesquelles tant de sang avait été versé et tant de triomphes militaires obtenus.

Napoléon prit le pouvoir et ne rendit pas la liberté. Quand il songea à la restauration des études, il recréa les écoles de droit, et le décret impérial nomma l'école de Dijon la seconde entre toutes les écoles des 110 départements de l'empire français. La première chaire du code civil en fut confiée à M. Proudhon. Il racontait lui-même, avec le naïf orgueil, qui fut l'un des traits saillans de son caractère, que le projet de décret, daté de Munich, le 17 janvier 1806, ne portait pas son nom en première ligne, et que l'empereur prit lui-même la plume des mains de son secrétaire pour effacer le premier nom et y substituer celui de M. Proudhon.

Cette anecdote ne contribua pas peu à faire naître dans le cœur du professeur cette dévotion à l'empereur qui fut pour lui mêlée de faveurs et de disgrâces.

En quittant Besançon, M. Proudhon ne rompit point les liens qui l'attachaient à sa province d'origine. Sa patrie adoptive ne lui fit jamais oublier ses montagnes, ses amis de Franche-Comté. Il s'intéressait à ses compatriotes avec un zèle, avec une sorte de partialité qui l'honorent. C'est surtout parmi les enfants des montagnes qu'on remarque cet inviolable attachement au sol, aux mœurs, aux traditions locales, qui s'effacent beaucoup trop peut-être dans notre France centrale, sans profit pour la liberté et pour la civilisation.

A Dijon, les succès du professeur de la première chaire du code civil, devenu bientôt directeur et doyen de l'école de droit, ne furent pas moindres que ceux du professeur de l'école centrale de Besançon. A Dijon, fut composé et publié le livre sur l'*Etat des personnes*. Cet ouvrage fut l'un des premiers qui se publièrent sur le code civil; et le code civil était alors une magnifique chose. Il s'appelait *code Napoléon* et empruntait une part encore de sa renommée à la colossale renommée du maître. C'était la première fois qu'un grand empire moderne était en possession d'un code unique; et cette entreprise d'unité et de codification, déjà rêvée par les rois de France, décrétée par l'assemblée constituante et les autres assemblées politiques, avait eu besoin, pour se réaliser, d'une épée victorieuse et d'une puissance souveraine non contestée. En dehors de la guerre et des triomphes nationaux de l'armée, l'unité toute nouvelle de législation était donc l'évènement le plus éclatant du règne qui commençait au milieu d'un profond sommeil politique. Malgré l'exclamation du maître qui s'écria, dit-on, à l'apparition des premiers commentateurs du Code civil : *les malheureux ! ils vont me gâter mon Code*, on conçoit quelle sorte de réputation et de popularité devait naturellement s'attacher à ceux qui les premiers unissaient leur nom à l'œuvre immortelle d'un grand homme que, de toutes parts, l'Europe a voulu ou voudra imiter. M. Proudhon saisit cet à propos, et désormais sa réputation devint inséparable de la législation napoléonienne sur laquelle il avait écrit.

On remarquait dans le livre sur l'*Etat des personnes*, publié en 1810, cette force de discussion, cette propriété de style, cette proportion des parties, que l'auteur n'a jamais surpassée, ou peut-être même jamais égalée depuis. Mais il fut dans d'autres livres plus profond et plus savant encore.

L'empire, abandonné déjà par la victoire, tomba une seconde fois devant la coalition de l'Europe. Les premiers jours pénibles et ardents qui suivent d'ordinaire la transition d'un pouvoir à un autre pouvoir interrompirent d'abord les habiles leçons du doyen, qui expiait ainsi la vivacité de sa reconnaissance pour le décret de Munich, et le souvenir d'une fameuse préface dédicatoire adressée à l'archi-chancelier. Des motifs de crainte et de précaution firent suspendre le cours de M. Proudhon par la commission d'instruction publique dont le président, qui fut depuis l'*élu des sept colléges,* ne tarda point à le restituer, même pour le passé, dans l'intégrité de sa position universitaire.

Rendu à son repos et à sa chaire, M. Proudhon retrouva tout l'éclat de son enseignement et l'affluence accoutumée de ses auditeurs. Il préparait à loisir les immenses matériaux de son *traité des droits d'usufruit, d'usage, d'habitation et de superficie,* qui est comme le résumé de sa science du droit civil, et qui restera dans l'opinion des jurisconsultes son meilleur titre de gloire: il le finit en 1827.

Composer avec 58 articles du code civil neuf volumes in-8°, ramener à une matière spéciale la plupart des grandes difficultés, je devrais dire presque toutes les matières du droit ; condenser ainsi toute la science autour d'un point; l'éclairer par des discussions lumineuses, la féconder par des dissertations où rien n'est oublié, où tout est creusé, épuisé; créer des systèmes ingénieux , promulguer des idées nouvelles, sans se laisser subjuguer par les décisions variables de la jurisprudence, cette tyrannie des esprits superficiels et timides : voilà l'œuvre que M. Proudhon sut mener à bout, avec les labeurs incessants de quinze années.

Entre tous autres mérites, il eut, dans ce travail, l'honneur de devancer et de préparer le code forestier. La législation nouvelle n'a pas toujours sanctionné ses doctrines : mais ce n'était pas moins un travail tout à fait neuf que celui où il discutait le droit *d'usage dans les forêts,* et il fallait un homme habitué à vivre dans les grandes forêts, au milieu des sapins de la patrie, pour jeter sur un pareil sujet tant dè connaissances pratiques et de vues applicables. Aussi rapporte-t-on qu'il disait, dans sa sincérité d'auteur et dans la conscience de ses forces : mon livre c'est comme ma maison de campagne, des murs de six pieds d'épaisseur.

Dans le *traité du domaine public*, imprimé en 1833, se retrouvent les qualités du maître. On voit bien d'ailleurs que les matériaux en avaient été recueillis auparavant : car M. Proudhon, déjà fort avancé en âge, n'aurait pas eu la force, de 1827 à 1833, de composer cinq volumes tout à fait neufs, sur des doctrines qui touchent souvent aux questions administratives, si différentes de ses premières publications.

C'était un beau dessein de rassembler les élémens épars de la jurisprudence administrative qui a bien une législation de tout âge, de toute opinion, de tout gouvernement, mais qui n'a point encore de code et d'unité. En cela même, M Proudhon avait un singulier honneur : car, après avoir identifié et comme incarné son talent dans l'époque impériale et dans ses lois civiles, il avait la pensée et le pressentiment des besoins nouveaux, des nécessités plus modernes ; et sa vie de labeurs se faisait ainsi une grande place dans deux époques bien distinctes. La même habileté de discussion se révèle dans le traité du domaine public, et si quelques-uns lui reprochent, comme au traité de l'usufruit, quelques longueurs de rédaction et quelques négligences de style , qu'ils n'oublient pas que ces légers défauts sont bien compensés, et pour ainsi dire expliqués, par une habitude de clarté extrême, de méthode parfaite, et de discussion complète qui n'oublie jamais la moindre raison, ni la moindre objection. On ne s'attendait guère aux richesses que, dans ce livre, il emprunte aux lois romaines dont il fait souvent les applications les plus ingénieuses. A un ami qui le complimentait et s'étonnait de ce qu'il avait trouvé tant de choses dans les Pandectes : vous ne saviez donc pas , répondit-il joyeusement, qu'il y avait du temps des romains des rivières et des grands chemins. La codification administrative profiterait largement des écrits de M. Proudhon ; et même alors que toutes ses opinions ne seraient point adoptées , on ne saurait nier que la plupart des difficultés graves y sont largement débattues.

Enfin , et comme s'il eût songé à se faire un testament digne d'un vrai jurisconsulte , il laisse après lui, et prêt à paraître, un traité du *domaine de propriété*, complément naturel du traité du domaine public, et dans lequel, nous n'en doutons pas, l'on retrouvera les résultats accoutumés de son expérience , et la profonde sagacité des études de la force de son âge, qu'il recueillait comme des souvenirs.

C'est dans cet ouvrage qu'on lira ses idées sur la *distinction des biens*, dont sa mémoire détacha un fragment, au mois d'août dernier, pour se faire entendre de M. Dupin, qui le lui demanda avec respect et comme une faveur. Cette séance mémorable eut pour le vieux doyen un succès d'attendrissement et de larmes. On eût dit que M. Proudhon pressentait lui-même, comme l'inspecteur-général de l'école, que c'était la dernière fois que sa voix se faisait entendre dans sa chaire, et que cette douce ovation ne reviendrait plus pour lui.

Il voulait, disait-il, *mourir sur la brèche*, et il a tenu parole. La veille du jour où il monta en voiture pour revenir exactement à son poste, il finit encore un chapitre du livre qu'il nous lègue.

On pourrait donc, sans effort, comparer la mort de cet homme laborieux et octogénaire à la belle mort du savant Pétrarque que son domestique surprit un soir la tête penchée sur ses livres : on crut d'abord qu'il dormait, il était mort.

Sous la restauration, des honneurs politiques faillirent surprendre M. Proudhon, et la chambre des députés s'ouvrir devant lui par les suffrages de ses compatriotes ; il fut question même de le faire passer à la cour de cassation : mais nous ne savons s'il ne faut pas se réjouir qu'il soit resté simple professeur. Sans doute il eût pu rendre de grands services à la préparation des lois ou aux arrêts de la cour souveraine; mais il eût perdu dans cette préoccupation nouvelle les loisirs qui ont valu à la science de nouveaux trésors.

Vous n'attendez pas de moi, Messieurs, que je caractérise devant vous le talent du professeur. Chacun sait avec quel éclat il a transmis son savoir au plus grand nombre des hommes qui remplissent aujourd'hui les fonctions de la magistrature et du barreau dans cette province et dans les provinces voisines. Presque tous ceux qui m'écoutent l'ont entendu lui-même, et ont pu voir quelle nombreuse jeunesse se pressait à ses cours pour recueillir sa parole dans laquelle on ne surprit pour la première fois un peu d'affaiblissement qu'après la mort de madame Proudhon.

Cette parole était lente, familière, quelquefois même négligée, mais claire, précise, logique. Il avait conservé la simplicité de formes, et jusqu'à l'accent de ses montagnes. Il savait se mettre à la portée de tous ses auditeurs, et faire saisir par de jeunes intelligences toutes les nuances de sa pensée doctrinale et les difficultés les plus compliquées du droit. C'était son art : et telle était sa méthode, sa lucidité, sa manière de présenter une démonstration sous des formes diverses, que chacun pouvait non-seulement le comprendre, mais écrire

toutes les suites et les résultats de son raisonnement.

La jeunesse le respectait pour sa science, et
l'aimait pour ses habitudes paternelles et familières.
Il n'est pas jusqu'à une faute de langage, devenue
célèbre dans les fastes de l'école de droit, et que
M. Proudhon répétait fidèlement, tous les trois
ans, au même jour et à la même heure, qui n'ait
contribué à sa popularité. Mais sa bonhomie était
fine, et sa simplicité pleine de nerf et souvent d'esprit, comme son caractère plein de volonté, son
expression plus d'une fois vive et pittoresque.

S'il m'était permis de descendre dans sa vie pri-
vée, j'aurais pu dire encore son esprit de famille,
ses mœurs patriarcales, ses inclinations charita-
bles : mais c'est aux siens, c'est à ceux qui l'ont
intimement connu de parler de ses vertus domesti-
ques.

Les distinctions honorifiques ne manquèrent
point à cette belle vie. L'ordre des avocats de Dijon
le plaça plusieurs fois à sa tête ; deux fois, depuis
1830, les insignes de la légion d'honneur, qui s'é-
taient fait trop attendre, vinrent glorifier ses dernières années. Il devint correspondant de la nouvelle classe de l'Institut, l'Académie des sciences
morales et politiques ; ses livres eurent un grand
succès, un succès de renommée et de fortune. Son

nom fut cité devant les tribunaux et dans les livres,
à côté de ceux du célèbre Merlin, de Toullier, qui
fut son correspondant et son ami; et l'on doit
dire avec justice qu'il ne fut inférieur à aucun de
ses contemporains qui traitèrent avec le plus de
distinction les mêmes matières que lui. Sous le rap-
port du style même, il a souvent des qualités qu'ils
n'ont pas, et il lui arrive d'exprimer sa pensée avec
une profondeur originale et une netteté nerveuse
que tous n'ont pas égalées. Son nom, dans la
science, survivra, à celui de son rival, en politique autant au moins qu'en enseignement, M. Del-
vincourt.

Mais telle est la destinée des plus fameux jurisconsultes, que leurs plus beaux ouvrages sont
quelquefois trop tôt dévorés par les caprices d'une
législation mobile. Ils ont éclairé la jurisprudence,
débrouillé les textes, applani les difficultés, pré-
paré les réformes législatives, et puis arrive l'ingrat
législateur qui *les* oublie en les copiant, et efface
par une seule ligne, par un seul article de loi, cent
volumes de commentateurs.

N'est-ce pas une raison d'honorer davantage ces
hommes dévoués pour qui la postérité peut finir si
vite, et qui pourtant rendent à l'état et au pays des
services moins éclatants peut-être qu'illustres, mais
quotidiens, mais incessants, et qui touchent de si près

à nos intérêts les plus chers. Ils n'ont point gagné des batailles ou révolutionné tout un peuple du haut d'une tribune politique; leur renommée ne peut être universelle et comprise de la foule : que les hommes d'étude du moins leur vouent, au fond de leur cœur, un culte de vénération et de reconnaissance.

Tel a été M. Proudhon : il est peu d'hommes qui aient traversé des temps mauvais et difficiles avec plus de pureté que lui : et en vérité, à cette carrière si longue, si honorable, si honorée, si bien remplie, nous ne savons ce qu'on pourrait ajouter ou retrancher.

Sa mémoire protégera toujours cette école qu'il présida plus de trente années, et qu'il féconda par ses exemples et par ses travaux; il était digne, si la vieillesse et la mort ne l'eussent surpris, de comprendre et de favoriser cette rénovation des études, ce mouvement des intelligences, ce développement de la science moderne, qui éclatent de toutes parts. Plus que tout autre, par ses prédilections provinciales, il aurait aimé à réveiller le zèle et la splendeur des institutions locales; plus que tout autre, il savait que la science a besoin d'asiles divers, mais de protections égales, de faveurs égales, pour se multiplier par la concurrence et l'émulation ; il savait que, sur un territoire couvert de 33,000,000 d'habitans, il n'est pas possible que la science parte d'un centre unique pour se distribuer à toute la circonférence. Cette pensée paraît maintenant comprise. Les esprits se remuent. Chacun sent aujourd'hui que sous un gouvernement libre, qui admet les citoyens à l'exercice de nombreux droits politiques, et laisse facilement pénétrer dans tous les secrets de l'administration publique, il faut qu'il se forme de nouvelles générations d'hommes de plus en plus dignes de faire eux-mêmes leurs affaires et celles du pays. Chacun sent aujourd'hui qu'il est urgent et nécessaire de multiplier dans nos provinces les ressources d'éducation, et le nombre des hommes éclairés et solidement instruits aux mains desquels on puisse sûrement confier le dépôt de nos libertés locales et le développement intelligent de nos droits généraux les plus chers. L'avenir de notre patrie est là. La vraie liberté, comme la vraie science, ne peut pas sortir d'une seule ville ; il faut qu'elle s'acclimate, avec ses habitudes d'ordre et de nobles pensées, dans toutes les parties de la France; il faut que nous nous rendions capables, d'abord, de diriger avec discernement et calme les choses qui nous entourent; il faut que nous participions au gouvernement de l'état d'autant plus que nous serons plus dignes de le gouverner ; il faut enfin que les intérêts de chaque province soient forte-

ment représentés dans la capitale de la puissance politique. Une distribution plus complette, plus équitable, de l'enseignement national peut seule conduire à ce but désiré.

La commission des hautes études de droit délibère ; des réformes se préparent. La charte a promis de régler librement l'enseignement supérieur. Le moment est favorable pour faire le bien. Depuis long-temps déjà l'enseignement devient moins servile, moins assujetti aux mots ; on scrute davantage l'essence des choses ; la science est curieuse de recherches historiques ; elle interroge les sources et les origines : elle n'est plus l'esclave purement passive d'un texte muet : elle ne se contente plus d'un empirisme sec et décharné, elle prétend à des notions plus élevées, plus philosophiques ; elle veut enfin avoir conscience d'elle-même.

L'esprit nouveau a réveillé jusqu'au droit romain lui-même, si incomplètement étudié depuis près de trois siècles dans nos facultés, et l'on remonte par la réflexion vers la méthode de la grande école des jurisconsultes du XVI.ᵉ siècle, dignes de nous donner d'excellentes leçons en tant de choses ; école illustre, trop vîte oubliée, et trop inconnue de nos jours, qui s'enrichissait de tous les embellissements de l'esprit, savait approfondir et orner la science, et bien écrire sa pensée. Que si l'on est

revenu à des idées plus fortes et plus neuves à l'é-
gard du droit latin, du droit mort, que devrait-ce
être de notre législation vivante, de notre histoire
nationale, de notre passé, de notre avenir ?

Au milieu de ces nouveautés qui s'agitent et
se préparent, l'école de droit de Dijon déjà do-
tée de nouvelles chaires, ne sera point oubliée. Le
gouvernement l'a promis par ses délégués, et il lui
tiendra parole. Cette ville a trop d'esprit, de réputation et de ressources, pour ne pas devenir un
centre d'études agrandies et plus complettes. Rien
ne coûte à ses administrateurs éclairés, pour multiplier les richesses et les facilités de l'enseignement.
Le pouvoir général ne fera pas moins pour nous.
A Dijon, plus qu'ailleurs, on est digne de désirer
et d'amener le moment où l'on pourra dire aussi que
le règne de la capacité est désormais une vérité. La
jeunesse, qui sympathise si naturellement avec cette
espérance, trouvera ici, dans tout le corps ensei-
gnant, une bienveillance amicale, de cordiales ex-
citations. La faculté de droit, entre toutes, ne
manquera jamais à la noble mission de deviner,
d'encourager, de favoriser le jeune mérite. Ses
rangs s'ouvriront aux plus dignes. Elle croira mé-
riter ainsi l'accroissement qu'elle espère encore
dans l'enseignement de l'histoire du droit, du droit
criminel, du droit des gens.

Pour moi, qui, par une faveur singulière de la fortune, suis devenu, si jeune encore, le premier entre mes égaux, s'il m'est permis de parler de moi en face de M. Proudhon, je ne réclame qu'un seul et beau privilége, celui de vouloir activement le bien de cette école; fier seulement d'avoir le droit aujourd'hui de dire publiquement, sur la tombe de M. Proudhon, en parlant de mes collègues, que, même après avoir perdu son plus glorieux patron, la faculté de droit de Dijon, pour le zèle et le talent de ses professeurs, n'a rien à envier à aucune autre école du royaume. Je suis sûr que ces dernières paroles sont l'éloge le plus flatteur que je puisse faire de l'illustre doyen qui les a tous formés : car il se survit ainsi à lui-même dans ses propres disciples.